Colección LECTU

Lecturas de Español son historias i.   , breves y llenas de información sobre la lengua y la cultura de   ña e Hispanoamérica. Con ellas puedes divertirte y al mismo tiempo aumentar tus conocimientos. Existen seis niveles de lecturas (elemental I y II, intermedio I y II y superior I y II), así que te resultará fácil seleccionar una historia adecuada para ti.

En *Lecturas de Español* encontrarás:
- temas e historias variadas y originales,
- notas de cultura y vocabulario,
- ejercicios interesantes sobre la gramática y las notas de cada lectura,
- la posibilidad de compartir tu lectura con otros estudiantes.

NIVEL ELEMENTAL - II

El paraguas blanco

Coordinadores de la colección:
Abel A. Murcia Soriano (Instituto Cervantes. Cracovia)
José Luis Ocasar Ariza (Universidad Complutense de Madrid)

Autora del texto y explotación didáctica:
Pilar Díaz Ballesteros

Maquetación:
Ana M.ª Gil Gómez

Ilustración:
Carlos Yllana

Fotografía:
pág. 7: © TVCB, Valencia 2008.
Todos los derechos reservados. www.turisvalencia.es

Diseño de la cubierta:
David Prieto

Diseño de la colección:
Antonio Arias Manjarín

Locuciones y grabación: Estudio Luz del Sur

© Editorial Edinumen, 2009
© Pilar Díaz Ballesteros
© Abel A. Murcia Soriano
© José Luis Ocasar Ariza

2.ª impresión: 2011
3.ª impresión: 2013

ISBN Lectura: 978-84-9848-126-6
ISBN Lectura con CD: 978-84-9848-127-3
Depósito Legal: M-6075-2013

Editorial Edinumen
José Celestino Mutis, 4 - 28028 Madrid (España)
Teléfono: 91 308 51 42 / Fax: 91 319 93 09
E-mail: edinumen@edinumen.es

Imprime: Gráficas Glodami. Coslada (Madrid)

El paraguas blanco

Pilar Díaz Ballesteros

ANTES DE EMPEZAR A LEER

1. Para ayudarte a comprender el relato que vas a leer hemos preparado unas actividades de vocabulario.

   A. Mira el dibujo y relaciona.

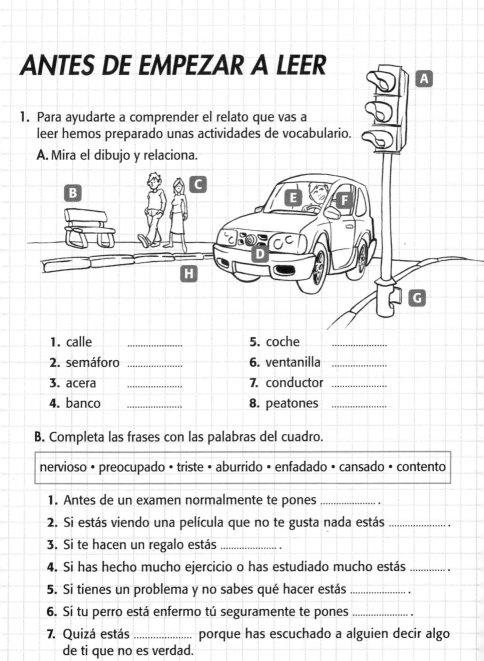

   1. calle   ....
   2. semáforo   ....
   3. acera   ....
   4. banco   ....
   5. coche   ....
   6. ventanilla ....
   7. conductor ....
   8. peatones   ....

   B. Completa las frases con las palabras del cuadro.

   | nervioso • preocupado • triste • aburrido • enfadado • cansado • contento |

   1. Antes de un examen normalmente te pones ....
   2. Si estás viendo una película que no te gusta nada estás ....
   3. Si te hacen un regalo estás ....
   4. Si has hecho mucho ejercicio o has estudiado mucho estás ....
   5. Si tienes un problema y no sabes qué hacer estás ....
   6. Si tu perro está enfermo tú seguramente te pones ....
   7. Quizá estás .... porque has escuchado a alguien decir algo de ti que no es verdad.

LECTURAS DE ESPAÑOL

C. Relaciona.

1. escuchar	**a.** piso
2. compartir	**b.** disculpas
3. montar	**c.** la calle
4. jugar	**d.** música
5. pedir	**e.** atención
6. cruzar	**f.** en bicicleta
7. prestar	**g.** al fútbol
8. hacer	**h.** a salvo ≠ en peligro
9. estar	**i.** los deberes

2. Este relato se sitúa en una de las ciudades españolas más conocidas: Valencia. ¿Qué sabes de esa ciudad?

A. Contesta verdadero / falso.

	V	F
1. Valencia es una ciudad que tiene mar.		
2. Está en Andalucía.		
3. Tiene casi un millón de habitantes.		
4. Es una ciudad mediterránea.		
5. Es la capital de España.		

B. Lee este texto y complétalo con las palabras del cuadro.

> ciudad • lugar • primera • personas • años • valencianos • río • muy

Hace bastantes años, en 1957, hubo en Valencia una gran tragedia: el río que cruzaba la ...CIUDAD... **(1)**, el río Turia, se desbordó e inundó algunas zonas cercanas. Murieron muchas .... **(2)**. Por esa razón, y porque no era la ...PRIMERA... **(3)** vez que ocurría, se pensó en desviar el río hacia las afueras de la ciudad.

EL PARAGUAS BLANCO

Esta idea, que al principio resultaba bastante extraña, se hizo realidad en los .... (4) 80. Se desvió el río hacia las afueras y en su .... (5), en el cauce, se hicieron jardines, campos de fútbol, parques infantiles, zonas para pasear o montar en bicicleta, etc. Todo ese terreno era .... (6) extenso: más de 1 000 000 m² rodeaban la parte antigua de la ciudad. Por eso el proyecto se convirtió en algo muy interesante para los .... (7). Se inauguró en 1986 con el nombre del jardín del Turia. Además de los parques, el Palau de la Música, las pistas deportivas, etc., hay muchas fuentes, estanques y pequeños lagos construidos en recuerdo del .... (8). También en su recuerdo la gente dice que va al río cuando en realidad va al Jardín de Turia. Desde hace años el río está mucho más lejos.

C. Lee la tabla y contesta las preguntas.

País	España
Comunidad autónoma	Comunidad Valenciana
Idiomas	Castellano y Valenciano
Fundación	Romana, 138 a.C
Población	797 654 hab. (2007). 3.ª ciudad de España y 15.ª de la Unión Europea

1. ¿Quiénes fueron los primeros habitantes que hubo en Valencia?
2. ¿Cuántos habitantes había en 2007?
3. ¿Cuáles son las dos ciudades más pobladas de España?
4. ¿Los idiomas "castellano" y "español" son el mismo?

1
Elisa y Alex

Elisa tiene 14 años, es alta, morena, tiene los ojos de color marrón claro y el pelo largo y liso. Estudia en un instituto que está muy cerca de su casa. Allí estudian también la mayoría de sus amigos.

Elisa vive con su madre en el primer piso de un edificio que está en el centro de Valencia, en el barrio de Ruzafa. Su madre se llama Yolanda, tiene 45 años, es alta, delgada y muy simpática.

A Yolanda le encanta levantarse tarde, pero normalmente no puede hacerlo porque empieza a trabajar a las 8.30 de la mañana. Por eso se levanta a las 7, se ducha, desayuna té con cereales, se arregla y se va en coche al trabajo. Es técnica de imagen y sonido de un canal de televisión.

Elisa también se levanta pronto porque tiene que estar en el instituto a las 9, pero como está muy cerca de su casa, puede salir sobre las 8.45 y llegar con tiempo suficiente para **charlar** un rato con sus amigos.

Los lunes y los miércoles Elisa come en casa de su padre, que se llama Lázaro y vive también cerca del instituto. Su padre comparte piso con Pedro, un estudiante universitario de Historia del Arte que terminará pronto su carrera. A Elisa le gusta mucho comer en

charlar: hablar.

casa de su padre, se lleva muy bien con él y también con Pedro, que es además muy guapo y muy simpático. Los domingos que hace buen tiempo los tres van al río en bicicleta y pasan juntos toda la mañana.

Lázaro tiene una tienda de música en el barrio. La abrió poco después de separarse de su mujer, cuando la niña solo tenía tres años.

En la tienda pasa Elisa muchas tardes escuchando la música de Shakira, Pignoise, Red Hot Chilly Peppers y, sobre todo, de El Canto del Loco, que es últimamente su grupo favorito. Muchas veces la acompaña Alex, uno de sus mejores amigos.

Alex nació en Polonia pero vive en España desde que tenía 7 años. Su madre se llama Ana y trabaja por la mañana y por la tarde, por eso él se queda muchas veces con Elisa en su casa o en la tienda de su padre. Ana y la madre de Elisa son buenas amigas desde hace varios años. Viven cerca y a veces salen juntas. El padre de Alex vive en Polonia, pero desde que su mujer y su hijo están aquí viene a España una vez al año.

Alex tiene un secreto, aunque lo sabe todo el mundo: está enamorado de Elisa casi desde los 8 años. Ella lo sabe o se lo imagina pero nunca quiere hablar de eso con él, y Alex no hace preguntas.

Todos los días va a buscarla a casa para ir al instituto. Llama al **portero automático** y ella baja corriendo por las escaleras. Tardan unos cinco minutos en llegar y allí se encuentran con Ainara, una de las chicas de su clase, Eric G., un chico que acaba de llegar de Perú, Belén, la mejor amiga de Elisa, y con los demás compañeros de la clase.

portero automático.

2
La tienda de Lázaro

Hoy Elisa y Alex han llegado un poco más tarde a la tienda de Lázaro porque han ido a comprar un regalo para su amiga Belén. Querían comprarle un libro pero no han encontrado el que buscaban, así que han decidido comprar un CD de alguno de sus grupos favoritos.

El cumpleaños de Belén es en el mes de abril, en plena primavera, cuando en Valencia los días son ya muy largos y hace muy buen tiempo. Belén les ha dicho que este año su abuela le ha preparado una fiesta en la casa que tiene en la playa. Es una casa típica valenciana, en la playa de la Malvarosa. Tiene dos plantas y una gran terraza desde la que se ve el mar.

Cuando Elisa y Alex entran en la tienda no han decidido todavía qué regalo le van a comprar. Piensan en lo último de Tokio Hotel, pero Elisa no está segura, quiere que sea algo especial.

– Ya sé, le vamos a comprar el primer CD de Shakira, seguro que le encanta.

– ¿No lo tiene ya?

– No, hace tiempo que lo busca, por eso sé que va a ser el regalo perfecto.

vale: expresión coloquial que significa "de acuerdo".

salsa: estilo típico de música latina.

– **Vale,** vamos a ver si tu padre lo tiene.

Alex va al apartado de música latina y busca en la *S.* Lo primero que ve son los CD de **salsa**. Hay muchos. Salsa cubana, salsa venezolana...

– ¿Por qué no le compramos uno de salsa? A ella le encanta bailar.

– Ya, pero seguro que el otro le gusta más –dice Elisa.

– Espera un momento... Qué raro... Aquí hay un CD que tiene el plástico roto y parece que dentro hay una nota.

– ¿Una nota?

– Sí, voy a ver qué pone...

> Calatrava martes 19.30
>
> Ven solo o te arrepentirás

– ¡Es una amenaza! Citan a alguien en la calle Calatrava... ¡Y tiene que ir solo! Vamos a decírselo a tu padre.

– Ahora no podemos, hay mucha gente en la tienda. Dime una cosa, Alex, ¿qué hora es?

– Las seis y media.

– Las 18.30 y hoy es martes. ¿Y si la cita es hoy mismo?

– Tienes razón, puede ser dentro de una hora. ¿Tú sabes dónde está la calle Calatrava? –pregunta Alex.

– No, pero podemos buscarla en la guía. En la oficina de mi padre hay una.

EL PARAGUAS BLANCO

Al fondo de la tienda hay una puerta que lleva a una pequeña oficina. Los chicos entran allí y miran al lado del teléfono, en los cajones de la mesa, en la estantería. Cuando por fin Elisa encuentra la guía de calles, la abre y busca en la C.

– A ver, calle Calatrava… Está en el barrio del Carmen. Tardamos unos quince minutos en llegar si salimos ahora mismo.

– Pero no sabemos a qué número vamos, ¿es una calle muy larga? –pregunta él.

– No, no mucho, pero es extraño, la nota es muy exacta y sin embargo no pone el número de la calle…

– ¿Dónde está la nota? ¿La has cogido tú? –pregunta Alex.

– No, yo no la tengo, la hemos dejado en el CD –dice Elisa.

– Pues vamos a leerla otra vez.

Cuando los dos chicos vuelven a la tienda apenas quedan dos o tres personas. El padre de Elisa los mira y se pregunta qué estarán haciendo, pero justo cuando va a decirles algo uno de los clientes lo llama y él se acerca para ver qué necesita.

Elisa y Alex no se dan cuenta, caminan rápidamente hacia el apartado de música latina, que está justo al fondo de la tienda. Alex va delante y está tan preocupado que no ve a un hombre que acaba de entrar en la tienda y se dirige también al mismo lugar. A dos metros del estante en el que están los CD los dos se chocan y se ven por primera vez. Alex pide discul-

bolso.

bolsa.

bolsillos.

pas y le deja pasar delante. Entonces llega Elisa y los dos se quedan detrás de él. Están nerviosos y sorprendidos pero no pueden imaginar lo que pasa en ese momento. El hombre desconocido busca también en el mismo sitio, apartado de música latina, letra S. Coge el mismo CD, lo abre y saca de él la nota. La lee con rapidez, se la guarda en el **bolsillo** y se dirige hacia la puerta sin volver a mirarlos. Los chicos están desconcertados, no saben qué hacer. Se miran rápidamente y deciden seguirlo casi sin darse cuenta, sin saber dónde van, sin despedirse de nadie.

EL PARAGUAS BLANCO

3
El encuentro

El hombre camina con rapidez, a grandes pasos, se nota que está nervioso, que algo le preocupa. Cruza los semáforos en rojo, **tropieza** con algunas personas que caminan también deprisa y los chicos tienen que correr para no perderlo.

No saben bien adónde se dirige pero no va al barrio del Carmen. El camino es más bien el contrario, está bajando hacia el río y va tan deprisa que ya casi está llegando, gira a la izquierda en la calle Jacinto Benavente y ellos siguen detrás, sin mirarse, sin hablar porque no saben realmente qué decir, aunque los dos van pensando lo mismo: debían haberse quedado en la tienda.

Cuando llega al paseo de la Ciudadela se para. El semáforo está en rojo y hay muchos coches, así que tiene que esperar unos segundos. En ese momento Elisa comprende y le dice a Alex:

– ¡El puente de **Calatrava**! Va al Puente de Calatrava, no a la calle.

– ¡Claro! ¡Es el puente! Por eso no había ningún número. Venga, corre, vamos a cruzar justo detrás de él –responde Alex.

---

tropezarse: chocarse.

Puente de Calatrava: : puente que recibe popularmente este nombre por el arquitecto que lo diseñó: Santiago Calatrava.

banco.

Después de cruzar el hombre se detiene, parece que no sabe muy bien qué hacer. Mira alrededor, camina dos o tres pasos y se para otra vez. Efectivamente, está justo en el puente de Calatrava pero no sabe si cruzarlo o no. Entonces mira el reloj y se sienta en uno de los **bancos** que hay en la acera.

– Se ha dado cuenta de que solo son las siete –dice Alex–. O sea que nos queda media hora de espera para saber qué pasa.
– Voy a llamar a mi padre, seguro que está preocupado porque no le hemos dicho ni adiós.

Elisa se aleja un poco de Alex y llama desde su móvil. Mientras tanto él vigila al hombre, que sigue sentado en el banco y mira a su alrededor constantemente.

– ¿Qué le has dicho? –pregunta Alex cuando ella vuelve.
– Que tenía que ir a comprar el regalo de Belén y que voy a llegar un poco más tarde.
– ¿Y no te ha preguntado nada? ¿No le ha parecido extraño?
– Sí, ha preguntado si estábamos bien, pero yo le he dicho que no se preocupe, que después le cuento –explica Elisa–. ¿Tú vas a llamar a tu madre?
– Ahora no, todavía no ha salido del trabajo.
– Bueno, este hombre no se ha movido del sitio, ¿no?
– No. Sigue ahí, mirando a todas partes y muy nervioso.

EL PARAGUAS BLANCO

a ambos lados: a los dos lados.

carpa de un circo.

dar una vuelta: pasear.

En ese momento el hombre se levanta y camina alrededor del banco sin saber qué hacer. Mira hacia el puente, no dejan de pasar coches y hay también varias personas que lo cruzan por una acera para peatones que hay **a ambos lados**. En la parte de abajo hay un pequeño campo de fútbol con niños jugando, más allá un parque infantil y poco después se ve la **carpa de un circo**. Nada parece extraño. La vida normal de una ciudad como Valencia a media tarde, cuando aún no ha anochecido y la gente vuelve a casa del trabajo o sale a **dar una vuelta**. La vida normal para todo el mundo excepto para él, que no sabe realmente qué hacer, por dónde llegará la persona que espera, si vendrá en coche o andando, si tiene que esperar en el puente o puede quedarse al comienzo. O será tal vez al final, al otro lado del río... De pronto esa duda le hace ponerse más nervioso y decide cruzar.

Los chicos, que han estado observándolo todo el tiempo, lo siguen a cierta distancia haciéndose, seguramente, las mismas preguntas que él.

Cuando llegan al otro lado tampoco ocurre nada. Hay coches parados en el semáforo y gente cruzando la calle. El hombre mira el reloj, son más de las siete y veinte, y decide cruzar el puente otra vez. Elisa y Alex le observan desde la acera de enfrente y comprenden perfectamente su indecisión. Inician también el camino de vuelta, siempre a cierta distancia de él, y cuando apenas han dado unos pasos ven que el hombre cruza hacia su misma acera y los adelanta corriendo. En ese momento un enorme coche negro se para justo a la altura del hombre. Todos se sobresaltan. Alex **detiene** a Elisa con el brazo y los dos observan, con la

detener: parar.

boca abierta, cómo el conductor baja la ventanilla y le da un sobre al hombre, que durante unos segundos se queda inmóvil. Un momento después se agacha y ve a alguien en el asiento de atrás. Golpea la puerta, intenta abrirla pero está cerrada, golpea también la ventanilla pero el conductor arranca de nuevo y el hombre no puede hacer nada.

Cuando el coche pasa delante de los chicos, éstos apenas pueden ver dos figuras en el asiento de atrás. Una es grande, corpulenta, y sujeta a la otra con fuerza. No han visto bien pero parece que se trata de una mujer joven.

Elisa y Alex se quedan parados, igual que el hombre, sin saber exactamente qué hacer. La gente que pasa a su lado va andando deprisa, casi tropezándose con ellos, que permanecen inmóviles con la mirada clavada en un punto del horizonte.

– Tenemos que hablar con él –propone Elisa.

– ¿Y qué le decimos?

– Que sabemos lo que está ocurriendo y queremos ayudarlo.

– No sabemos lo que está ocurriendo, Eli, no tenemos ni idea.

– Está claro que han secuestrado a su mujer y le están pidiendo algo a cambio. Dinero probablemente.

– Dinero o cualquier otra cosa –dice Alex–. Ese hombre no parece muy rico.

– No, es bastante normal… ¿Y qué podrían pedirle si no es dinero?

Los chicos, que han estado observándolo todo el tiempo, lo siguen a cierta distancia haciéndose, seguramente, las mismas preguntas que él.

En ese momento el hombre se da la vuelta y empieza a caminar hacia el otro lado del puente. Los chicos lo siguen. Cuando llega al Paseo de la Ciudadela gira a la derecha y sigue andando con las manos en los bolsillos y mirando fijamente el suelo. Ya no está nervioso pero parece cansado y sobre todo muy triste.

– Tenemos que irnos, Eli, ya es bastante tarde.
– Sí, vámonos, para qué seguir detrás de él, nosotros no podemos ayudarlo, no sabemos quién es ni qué está ocurriendo.
– Tal vez deberíamos contárselo a la policía –dice Alex.
– ¿Olvidas la amenaza?: "Ven solo o te arrepentirás". Podemos poner en peligro la vida de la mujer.
– Es verdad, mejor lo olvidamos y no se lo contamos a nadie.
– ¿Tampoco a mi padre? –pregunta Elisa.
– Tu padre seguro que quiere avisar a la policía, o sea que mejor nos callamos.

Cuando llegan a la tienda el padre de Elisa ya está cerrando. Les pregunta dónde han estado pero no tienen tiempo de responder porque en ese momento llega Ana para recoger a Alex y llevarse también a Elisa. Van a cenar los tres con Yolanda en el restaurante colombiano que hay al lado de casa. Es la noche del viernes y mañana no tienen que trabajar ni que ir al instituto.

4
Una noticia en el periódico

Al día siguiente Elisa se levanta tarde. Su madre desayuna en el comedor mientras lee el periódico del sábado.

– Mira, Eli, hay una exposición de Sorolla en la Fundación Cultural Bancaja, ¿quieres que vayamos mañana a verla?

– Voy a ir con el instituto el jueves, nos lleva la profesora de Historia.

– Me parece muy bien, es una exposición estupenda. Por primera vez traen a Valencia los cuadros que están en Madrid. Si te gusta podemos verla juntas otro día.

– Vale, tengo que hacer un trabajo sobre Sorolla, seguro que tú puedes ayudarme. Es uno de tus pintores favoritos, ¿no?

– Sí, tengo varios libros suyos, si quieres luego puedes consultarlos.

– Prefiero ver primero la exposición. Oye, mamá, el sábado que viene es el cumpleaños de Belén, lo va a celebrar en casa de su abuela.

– ¿En la playa? ¿No hace aún un poco de frío para ir a la playa?

– Mamá, no vamos a bañarnos, solo a pasar allí la tarde.

– ¿Le has comprado ya el regalo?

– Ay, no, todavía no le he comprado nada. Voy a llamar a papá, le diré que me guarde el CD de Shakira. Le va a encantar.

– ¿Quieres que vaya luego a buscarte en el coche o te van a traer sus padres?

– Todavía no lo sé, luego te lo digo. Esta tarde voy a ver a Belén.

– ¿Vas a salir esta tarde? –pregunta la madre.

– Sí, vamos al cine.

– ¿No tienes nada que estudiar?

– Mamá, tengo algunos deberes, pero los hago el domingo, como siempre.

Después de desayunar, Elisa va a su habitación a escuchar música. Quiere olvidar la historia del hombre en el puente pero es bastante difícil. Recuerda continuamente la imagen de la mujer en el interior del coche y el gesto del hombre al ver que no podía **hacer nada por ella.**

Poco después recibe una llamada de Alex, que le cuenta que a él le pasa lo mismo.

¿Quiénes serán? ¿Qué quieren los secuestradores? ¿Deben contárselo a sus padres? No encuentran ninguna respuesta a sus preguntas pero tampoco pueden decírselo a nadie.

– Eli, ¿has arreglado ya tu habitación? –pregunta la madre desde el pasillo.

– No, mamá, estaba hablando con Alex.

– Pues termina pronto, tenemos muchas cosas que hacer esta mañana.

hacer nada por ella:
no poder ayudarla.

EL PARAGUAS BLANCO

PÁRATE UN MOMENTO

Ahora vamos a comprobar que has comprendido bien la historia.

1. Contesta si las siguientes frases son verdaderas (V) o falsas (F).

	V	F
1. Elisa y Alex son hermanos.		✓
2. Elisa y Alex estudian en el mismo instituto.	✓	
3. La madre de Elisa tiene una tienda.		✓
4. Los padres de Elisa están separados.	✓	
5. Alex vive con su madre.	✓	
6. Pronto va a ser el cumpleaños de Belén.	✓	
7. Elisa y Alex ya han comprado el regalo.		✓
8. Los chicos descubren algo extraño en un CD.	✓	
9. Los chicos compran el regalo y se van.		✓
10. Salen detrás de un hombre que ha encontrado una nota muy extraña.		✓

2. Completa el crucigrama con los días de la semana.

1. Día que Elisa va a hacer sus deberes.
2. Cena en el restaurante colombiano.
3. Come con su padre (1).
4. Va a la exposición.
5. Come con su padre (2).
6. Cumpleaños de Belén.

¿Cuál es el día de la semana que falta? M ecies

LECTURAS DE ESPAÑOL

3. Estamos en un momento de la historia en el que pueden pasar muchas cosas. ¿Tú qué crees que va a ocurrir? ¿Quién es el hombre misterioso? ¿Quiénes son los secuestradores? ¿Qué es lo que quieren?

Elige una de estas opciones y contesta las preguntas siguientes.

a. El hombre misterioso es muy rico.
b. El hombre misterioso trabaja en la exposición de Sorolla.
c. La mujer secuestrada ha falsificado un cuadro de Sorolla.
d. La mujer secuestrada es la hija de Sorolla.
e. El hombre misterioso es un antiguo compañero de los secuestradores.
f. La mujer secuestrada es la hija de un importante mafioso.

1. ¿Qué crees que harán Elisa y Alex?
....
....
....
....
....
....
....
....
....

2. ¿Cómo crees que continúa la historia?
....
....
....
....
....
....
....
....
....

EL PARAGUAS BLANCO

25

5
La exposición

Durante el fin de semana Elisa y Alex deciden no hacer nada, pero el lunes por la mañana ella tiene una idea.

– ¿Por qué no vamos al puente a la misma hora a ver si ocurre algo?
– ¿Esta tarde? –pregunta Alex.
– Sí, hoy mismo, no podemos **quedarnos con los brazos cruzados** –dice ella.
– Vale, pero seguro que no pasa nada.
– A lo mejor vemos otra vez al hombre.
– O a los secuestradores –dice Alex.

quedarse con los brazos cruzados: no hacer nada.

A las siete y media de la tarde están otra vez en el puente de Calatrava. Los jardines del Turia están llenos de gente. Hay niños jugando al fútbol, gente montando en bicicleta y parejas paseando entre las **palmeras**. Otra tarde normal.

Elisa y Alex cruzan el puente varias veces, miran hacia delante, hacia atrás, a los lados, pero no encuentran nada de lo que buscan. A las ocho deciden marcharse y volver al día siguiente un poco antes.

palmeras.

Tampoco ocurre nada extraño el martes ni el miércoles y ya están cansados y aburridos de no saber qué hacer por la mujer secuestrada.

El jueves por la mañana solo tienen dos horas de clase. A las 11 se marchan con la profesora de Historia para ver la exposición de Sorolla. Va la clase completa, es decir, unos veinte alumnos.

Cuando llegan se encuentran con los estudiantes de otros dos institutos que han ido también a ver la exposición. Esperan unos minutos y entran todos juntos a la primera sala.

Hay cinco salas grandes donde están expuestos todos los cuadros y una pequeña al final, dentro de la sala número 5, donde se exponen dos colecciones muy valiosas de sellos. La profesora dice que tienen que ir todos juntos para escuchar sus explicaciones y que tienen que tomar notas para hacer un trabajo sobre el pintor.

Los cuadros de Sorolla gustan a casi todos los alumnos. Algunos de ellos preguntan si están allí todos los que pintó. La profesora les explica que no, en esa exposición solo están algunos de los cuadros más importantes que tiene habitualmente el Museo Sorolla de Madrid, pero también hay cuadros suyos en otros lugares. En el Museo de La Habana, por ejemplo, están algunos de los mejores, y en Nueva York hay una colección muy interesante de **murales**. Sorolla fue el pintor español de su época que más éxito internacional tuvo.

mural: pintura realizada en la pared.

EL PARAGUAS BLANCO

La profesora continúa con su explicación mientras les muestra los cuadros que hay en cada sala. La mayoría de los alumnos escucha con atención y toma notas en su cuaderno, pero algunos se separan un poco y hablan de otras cosas.

En la sala 5 se detienen algo más porque es donde están los cuadros más importantes: *Paseo a orillas del mar, Niñas en el mar, Saliendo del baño* y otras obras con escenas de playa, las más características de Sorolla.

Al final de esa sala hay otra pequeña, con menos luz, en la que se exponen dos colecciones de sellos de gran valor. En la **vitrina** de la derecha está la colección original que se hizo en España como homenaje al pintor. En la de la izquierda se encuentran los sellos de más valor, los de la colección cubana, que representan algunos de los cuadros que hay en el Museo de La Habana.

vitrina: armario de cristal para exponer objetos.

La sala de los sellos es pequeña y solo pueden entrar diez personas. Elisa entra en el primer grupo y cuando sale decide volver a las salas anteriores para ver otra vez los cuadros. La profesora les ha dicho que ese es el final de la exposición pero todavía tienen unos veinte minutos más antes de irse y pueden pasear libremente por cualquiera de las salas.

A esa hora hay ya bastante gente dentro, sobre todo grupos de estudiantes de instituto y de universidad, y también algunas personas mayores. Elisa se detiene en la sala 3 viendo los cuadros en los que Sorolla pintó a sus hijos. De pronto ve salir a un hombre de una puerta en la que pone "Prohibido pasar". Está tan

vigilante de seguridad.

concentrada en los cuadros que al principio no se da cuenta, pero en cuanto el hombre pasa, vuelve la cabeza y lo mira de espaldas. Sí, es el del otro día, el del secuestro, vestido con traje y corbata.

Camina detrás de él y ve que se dirige a uno de los **vigilantes de seguridad** de la sala 2. Cuando está hablando con él, suena su móvil y vuelve otra vez a la sala 3 bastante nervioso. Coge el teléfono antes de entrar por la misma puerta por la que ha salido y sigue caminando, a grandes pasos, sin darse cuenta de que ha dejado la puerta abierta.

Elisa va detrás de él. El hombre habla muy bajo y ella no puede oír nada. Entonces entra en un despacho y cierra la puerta. La chica intenta escuchar pero al principio es bastante difícil. Después el hombre habla más alto porque está muy enfadado y nervioso. Entonces ella entiende algunas frases: *Mañana… no hay mucha gente…sí, un paraguas blanco… En el puente…* Cuando le parece que la conversación ha terminado se marcha corriendo pero antes lee el letrero que hay en la puerta del despacho:

**Alfonso Gutiérrez Martín
Director**

Sale otra vez a la sala 3 y ve a algunos de sus compañeros que se están marchando. Ella tiene algo en la cabeza pero no sabe exactamente qué. Busca a Alex para contarle lo ocurrido mientras repite constantemente en su cabeza algo que ha escuchado perfectamente y no tiene para ella ningún sentido: *un paraguas blanco*.

EL PARAGUAS BLANCO

Alex está en la sala 4 con Ainara, pero ninguno tiene interés por los cuadros. Están hablando del cumpleaños de Belén. Elisa le hace un gesto a su amigo y señala la sala 5, que está prácticamente vacía. Quiere hablar con él **a solas** para contarle lo que ha ocurrido.

a solas: sin la presencia de nadie.

Le repite una y otra vez las palabras que ha escuchado e insiste en lo del paraguas pensando que es algo importante que no consigue entender. Entonces Alex levanta la vista y señala uno de los cuadros de Sorolla: Dos mujeres pasean a la orilla de la playa. Hace sol. Un viento suave mueve sus vestidos y una de las mujeres, la de mayor edad, lleva en sus manos…

sombrilla.

– Un paraguas blanco, Eli. Estaba hablando del cuadro.
– No es un paraguas, es una **sombrilla** –dice ella.
– Pero parece un paraguas, ¿no lo ves? Quieren el cuadro, van a cambiar a la mujer por el cuadro… ¡El cuadro más famoso de Sorolla!
– No puede ser.
– Está muy claro. Secuestran a la mujer del director y le obligan a robar el cuadro. Solo él puede hacerlo.
– No puede ser, Alex, es muy grande, mide más de dos metros por cada lado.
– Sí, supongo que necesitará ayuda.
– Además, la exposición está vigilada día y noche, nadie puede robar un cuadro.
– ¿Qué quieres decir? ¿Te parece una coinciden-

cia? Secuestran a la mujer del director, escuchas su conversación y vuelve a hablar del puente y de un paraguas blanco, ¿no ves que hay una relación entre las tres cosas?

– Sí, claro, pero sigo pensando que es imposible robar un cuadro tan grande en un lugar con tantas medidas de seguridad.

En ese momento la profesora interrumpe la conversación para decirles que tienen que marcharse ya. En la entrada se unen al resto del grupo. Antes de salir, Elisa pregunta algo al vigilante de la sala 1.

El grupo de clase vuelve al barrio en autobús. Ainara, Belén y Eric G. están hablando del cumpleaños. Alex participa poco en la conversación porque en realidad está pensando en Elisa, que no ha dicho nada en todo el camino.

Cuando llegan al instituto se despiden de la profesora y cada uno va hacia su casa. Elisa y Alex se van juntos, como siempre. Entonces ella le cuenta lo que ha estado pensando.

– Hemos olvidado algo, Alex, el director dijo dos cosas muy importantes, además de lo de "el paraguas blanco".

– ¿Qué? –pregunta él.

– "Mañana" y "no hay mucha gente".

– Crees que el robo va a ser mañana, ¿no?

– Es posible.

– ¿Y lo de que no hay mucha gente? ¿Qué quiere decir eso?

– Creo que se refiere a la hora. He preguntado a uno de los vigilantes y me ha dicho que a la hora de comer, entre las dos y media y las cuatro, normalmente no hay mucha gente, excepto el fin de semana, que dice que siempre está lleno.

– Pero mañana es viernes, o sea que podría ser a esa hora –dice Alex.

– Lo que no entiendo es cómo lo van a hacer si hay un vigilante en cada sala.

– Sí, es muy difícil robar un cuadro así.

– Eso creo yo, pero no importa, mañana lo podemos descubrir.

– ¿Cómo?

– Mañana tú y yo vamos a estar allí desde las dos.

A Alex le parece buena idea. Los viernes suelen comer los dos en su casa. Su madre les deja la comida preparada el día anterior y ellos solo tienen que calentarla. Después suelen ir al cine o a dar una vuelta con sus amigos.

Ese viernes será diferente, piensa él. Le dirá a su madre que prepare unos bocadillos porque tienen que volver al museo para terminar su trabajo del instituto.

– ¿Me estás escuchando? –pregunta Elisa.

– ¿Eh? Sí, sí, estaba pensando en lo que le voy a decir a mi madre. Me parece muy buena idea. Mañana volvemos a la exposición para ver qué ocurre.

– Y después seguimos al hombre hasta el puente si es necesario. Tenemos que saber cómo termina esta historia.

6
Lo que pasó en la exposición

El viernes a las dos hay poca gente en la exposición, apenas diez o doce personas que están terminando de verla. A las dos y media ya se han ido casi todos.

En la sala 5 se exponen seis cuadros. En la pared que hay a la izquierda de la puerta de entrada hay tres escenas de playa: *Saliendo del baño, Niñas en el mar y Niño sobre una roca, Jávea.* En la pared de enfrente hay un enorme cartel sobre la colección de sellos y el paso a la sala pequeña donde están expuestos. A la derecha de la entrada a la sala 5 está la silla del vigilante y también hay dos cuadros: *Niños en la playa* y *El baño del caballo.* En la pared de enfrente solo se expone uno: *Paseo a orillas del mar.*

Los chicos están sentados desde hace unos minutos en los sillones que hay en medio de la sala. No dejan de mirar el cuadro que creen que van a robar. El vigilante no les presta mucha atención, piensa que solo son estudiantes que toman notas en sus cuadernos.

Sobre las tres de la tarde Elisa se levanta y va a la sala 3. No hay nadie, solo el vigilante sentado en su silla. Por eso no puede entrar por la puerta en la que po-

EL PARAGUAS BLANCO

ne "Prohibido el paso". Va hacia la entrada para ver si ve algo sospechoso pero no encuentra nada especial. Solo hay un señor que acaba de entrar y camina despacio mirando los cuadros. Elisa entra en la sala 2 y al momento ve también entrar al señor. Entonces se fija mejor en su aspecto. Tiene más de 50 años y parece bastante elegante. Lleva un traje de lino blanco, unos zapatos blancos y, ahora se da cuenta, ¡un paraguas blanco! No es muy extraño ver a alguien con esa ropa en Valencia un día de primavera, pero el conjunto sí resulta algo extravagante.

De repente Elisa siente que el corazón se le va a salir. No sabe qué hacer. Parece que el hombre no se ha fijado en ella y eso la tranquiliza. En realidad ese hombre no se fija en nada. Camina despacio, mirando los cuadros, pero no se detiene en ninguno, no mira los títulos como hace la mayoría de los visitantes. Sencillamente camina hacia delante y va de una sala a otra sin prestar mucha atención a los cuadros.

Elisa sigue detrás de él, aunque a cierta distancia. Cuando el hombre entra en la sala 5, Alex le mira sorprendido. Ha visto enseguida el paraguas y tampoco sabe qué pensar. Entonces aparece Elisa, se sienta junto a él y los dos observan al hombre, que en ese momento se ha parado frente al cuadro que ellos vigilan.

Es una extraña coincidencia, no saben cómo explicarlo pero casi pueden asegurar que el paraguas del señor y la sombrilla del cuadro son exactamente iguales.

Apenas un momento después se oye algo en la sala de al lado. Elisa no se da cuenta porque sigue mirando al hombre, pero Alex se levanta y ve que el vigilante de la sala 4 llama al de la sala 5 y los dos se dirigen hacia la entrada. Alex los sigue y antes de llegar ve a un hombre que parece que les está dando órdenes mientras señala hacia la entrada. Se oyen voces cada vez más fuertes. Alex reconoce enseguida al hombre que da las órdenes: es el director del museo. Se acerca y ve que hay unas personas que intentan entrar sin pagar, por eso han pedido ayuda a los vigilantes.

Alex está pendiente del director, quiere ver qué hace. Al principio está en la entrada observando lo que ocurre, pero poco después recibe una llamada en el móvil, se separa un poco de los demás y habla por teléfono mientras pasea nervioso por la sala 1.

En ese momento Alex cae en la cuenta, ha dejado a Elisa y al hombre del paraguas en la sala 5, sin vigilante de seguridad, así que decide olvidarse del director y correr hasta donde están su amiga y el cuadro que quieren robar.

El vigilante de seguridad de la sala 5 parece tener el mismo pensamiento que Alex, porque deja a sus compañeros discutiendo en la entrada y se marcha detrás de él.

7

Lo que vio Elisa

Elisa sigue vigilando al hombre de blanco, que ha dejado de mirar el cuadro y acaba de entrar en la sala de los sellos. Desde donde está ella no puede ver lo que hace pero se levanta del sillón, da unos pasos y se agacha muy cerca de la entrada a la sala pequeña. Entonces ve cómo el hombre coge unos guantes que lleva en el bolsillo y se los pone con rapidez. Abre un poco el paraguas, saca algo del interior y lo coloca sobre la vitrina donde están los sellos de España. Es algo que apenas ocupa espacio, completamente plano, y parece cubierto por un plástico.

Con mucha delicadeza abre la vitrina de los sellos de Cuba, coge algunos y los sustituye por lo que hay dentro del plástico. Elisa se da cuenta en ese momento de que se trata de sellos. El ladrón ha sustituido unos sellos por otros, pero ella no tiene apenas tiempo de pensar, porque el hombre ya ha guardado otra vez el plástico en el paraguas y se ha quitado los guantes. Justo cuando sale de allí (Elisa ya se ha puesto de pie) el vigilante entra en la sala 5 y se sienta otra vez en su silla. A su lado aparece Alex. No ha pasado más de un minuto.

Cuando el hombre se cruza con Eli, ella le mira fijamente a los ojos. Él sonríe con satisfacción y sigue caminando. Ella va detrás de él, a cierta distancia, y Alex la sigue a ella. Nadie dice una palabra.

En la entrada sigue habiendo mucha gente que discute con los vigilantes y con las personas de información. Ha llegado también la policía.

Cuando el hombre de blanco intenta salir un policía le dice, amablemente, que no puede marcharse. Tienen órdenes de no dejar salir porque saben que alguien quiere robar en la exposición.

El hombre de blanco parece sorprendido. Explica al policía que tiene que marcharse urgentemente y enseña un pasaporte diplomático. El **agente** le pide que espere un momento porque tiene que consultarlo con un superior.

Elisa y Alex escuchan todo a unos metros de ellos. Mientras el policía llama por teléfono Alex pregunta a Elisa:

– ¿Qué ha pasado, Eli? ¿Por qué se va?

– Ya tiene lo que quería –responde ella.

– No te entiendo, ¿qué quieres decir?

– Ha robado unos sellos… Los lleva dentro del paraguas.

– ¿Unos sellos? ¿Qué sellos?

– No sé, dos o tres, no he podido verlo bien.

– ¿Por qué no se lo dices a la policía?

– ¿Y la mujer? ¿Y si matan a la mujer por mi culpa?

El policía vuelve a hablar con el hombre y le dice que lo siente pero no puede marcharse. Tiene órdenes

agente: policía.

EL PARAGUAS BLANCO

de no dejar entrar ni salir a nadie. El hombre de blanco se enfada, dice que él tiene pasaporte diplomático, es representante de su país, Cuba, y no pueden tratarlo como a un ladrón. Exige ver al director de la exposición inmediatamente.

Uno de los vigilantes de la entrada se acerca a él y le dice que el director ha salido hace unos minutos y no saben dónde está. Intentan localizarlo pero de momento no lo han conseguido.

El policía le pide disculpas otra vez pero ya no le hace caso, hay muchas personas que quieren entrar y tiene que decirles que la exposición va a estar cerrada hasta el día siguiente por motivos de seguridad.

Elisa y Alex se quedan allí sin perder de vista al hombre de blanco. Hablan entre ellos, no saben si contárselo todo a la policía o si continuar callados.

Mientras ocurre todo esto, algunas personas más que quedaban dentro se han acercado a la entrada y preguntan qué es lo que ocurre. La policía les pide una identificación y a todos les dicen lo mismo: Nadie puede salir hasta nueva orden.

En un momento de confusión, el hombre de blanco se marcha. Hay bastante gente y la policía no se ha dado cuenta, pero Elisa y Alex sí, por eso van corriendo hacia la entrada. Intentan salir ellos también, pero unos fuertes brazos de la policía los **detienen** en la misma puerta y no les dejan salir. Entonces Elisa no puede callarse, sabe que tiene que contar la verdad.

– ¡Ese hombre es el ladrón! ¡El del traje blanco! Ha robado unos sellos… Los lleva escondidos dentro del paraguas.

detener: parar.

Uno de los policías que está junto a Elisa avisa a los de abajo para que no le dejen salir.

EL PARAGUAS BLANCO

cordón policial: policías rodeando un edificio.

El hombre está bajando las escaleras exteriores del museo. Camina rápidamente pero no parece nervioso. No sabe que hay un **cordón policial** rodeando todo el edificio. Uno de los policías que está junto a Elisa avisa a los de abajo para que no le dejen salir. Les dice también que cojan el paraguas y lo suban.

Unos minutos después, Elisa, Alex y tres policías están en el despacho del Director con el paraguas blanco. Uno de los policías, que parece el jefe, abre el paraguas y ve que tiene un pequeño bolsillo en el interior. Del bolsillo saca un plástico que envuelve algo. Lo pone sobre la mesa y ve tres sellos de la colección cubana de Sorolla. Son los sellos que tienen más valor: algunos coleccionistas puede pagar cientos de miles de euros por ellos.

El policía pregunta a los chicos cómo sabían que ese hombre era el ladrón. Quiere conocer los detalles para su investigación, pero ellos no responden en ese momento. Están demasiado preocupados por la mujer. Por eso le cuentan, nerviosos, lo que pasó el día del puente, y que el director de la exposición se ha marchado porque seguramente su mujer está en peligro.

El policía les tranquiliza. Hace días que saben que alguien intentaba robar algo de la exposición, aunque pensaban que era un cuadro. También sabían lo del secuestro de la hermana del Director, pero no le han dicho nada a él porque los tienen localizados y quieren cogerlos **con las manos en la masa** para poder meter en la cárcel a todos.

«con las manos en la masa»: expresión que indica el momento exacto de estar haciendo algo.

detener: llevar a comisaría por cometer un delito.

Elisa se siente mucho mejor cuando sabe que la mujer está bien y que la policía **ha detenido** a todos los secuestradores

8
El cumpleaños de Belén

Al día siguiente es el cumpleaños de Belén. Elisa, Alex, Ainara, Eric G. y el resto de los amigos están en la terraza de la casa de la playa escuchando música y charlando. Hace una tarde estupenda, unos veinte grados aproximadamente.

Belén ha estado todo el día preparando la fiesta. Su madre y su abuela la han ayudado a llevar las bebidas, los bocadillos y el resto de las cosas que han comprado para comer. Por eso han sido las últimas en enterarse de la gran noticia: Elisa y Alex son los héroes de la ciudad. Su foto ha salido en la primera página de los periódicos y han recibido felicitaciones de todo el mundo.

Ahora los demás quieren escuchar lo que ocurrió, pero con todo detalle. Los dos chicos están rodeados por sus amigos, que no paran de hacerles preguntas.

– No nos dejaron salir del Museo hasta las seis de la tarde, cuando ya estaba todo solucionado y se habían llevado al hombre del paraguas a la comisaría –explica Elisa.

– Entonces llegó un inspector de la policía y nos dijo que en realidad no era diplomático. Había

EL PARAGUAS BLANCO

conseguido documentación falsa para poder estar en España sin tener problemas con la policía –continúa Alex.

– Cuando lo llevaron a comisaría dijo toda la verdad: es uno de los coleccionistas de arte más famosos del mundo. Tiene una gran fortuna y por eso ha podido comprar cuadros muy importantes.

– Sí, y también colecciona sellos. Tiene la colección de sellos más valiosa de Europa.

– ¿Y por qué roba? –pregunta Belén.

– El inspector nos dijo que él no hacía eso normalmente, aunque saben que algunas veces ha comprado obras robadas –contesta Elisa–. Lo que ocurre es que estos cuadros tenían para él un valor sentimental, porque a lo largo de su vida no ha podido comprar nunca un cuadro de Sorolla.

– Y pensó que robar los sellos sería algo interesante y fácil, por eso decidió hacerlo él mismo –dice Alex.

– Pero necesitaba la ayuda del director del Museo para quedarse solo en la sala.

– Y también contrató a algunas personas que intentaron colarse para llamar la atención de los vigilantes. Al final la policía ha detenido a todos menos al director, claro.

– Lo que él no sabía es que vosotros dos estabais allí, ¿eh? –dice Belén con una gran sonrisa–. Bueno, vamos a hacer un brindis por nuestros detectives favoritos y después puedo empezar a abrir los regalos, ¿no? ¡Estoy deseándolo! ...
Vamos, ¡por Eli y Alex, los futuros agentes 007!

Después del momento de los regalos, cuando Belén está rodeada de libros, camisetas, muñecos y otras muchas cosas, Alex llama a Elisa y los dos se alejan un poco del grupo.

Entonces él le entrega una nota que ha estado escribiendo en la última semana, en esos días en los que la veía tan preocupada por resolver el problema del secuestro, tan interesada por la exposición y por los paraguas blancos.

Alex le pide que la lea a solas y ella se aleja un poco más. Él sabe que quizá no le dé una respuesta en ese momento, pero la conoce bien y está seguro de que se va a alegrar al conocer su secreto.

EXPLOTACIÓN DIDÁCTICA
EJERCICIOS PARA EL ALUMNO

Lecturas de Español es una colección de historias breves especialmente pensadas para los estudiantes de español como lengua extranjera. Los cuentos han sido escritos, teniendo en cuenta, básica pero no únicamente, una progresión gramático-funcional secuenciada en seis etapas, de las cuales las dos primeras corresponderían a un nivel inicial de aprendizaje, las dos segundas a un nivel intermedio, y las dos últimas al nivel superior. Como resultado de la mencionada secuenciación, el estudiante puede tener contacto con textos escritos "complejos" ya desde los primeros momentos del aprendizaje y puede hacer un seguimiento más puntual de sus progresos.

Las aportaciones didácticas de ***Lecturas de Español*** son fundamentalmente dos:

- notas léxicas y culturales al margen, que permiten al alumno acceder, de forma inmediata, a la información necesaria para una comprensión más exacta del texto.

- explotaciones didácticas amplias y variadas que no se limiten a un aprovechamiento meramente instrumental del texto, sino que vayan más allá de los clásicos ejercicios de "comprensión lectora", y que permitan ejercitar tanto otras destrezas como también cuestiones puntuales de gramática y léxico. El tipo de ejercicios que aparecen en las explotaciones permite asimismo llevar este material al aula ampliando, de esa manera, el número de materiales complementarios que el profesor puede incorporar a sus clases.

Con respecto a los autores, hemos querido contar con narradores capaces de elaborar historias atractivas, pero que además sean —condición casi indispensable— expertos profesores de E/LE, para que estén más sensibilizados con el tipo de problemas con que se enfrenta un estudiante de español como lengua extranjera.

Las narraciones, que no se inscriben dentro de un mismo "género literario", **nunca son adaptaciones** de obras, **sino originales** creados *ex profeso* para el fin que persiguen, y en ellas se ha intentado conjugar tanto amenidad como valor didáctico, todo ello teniendo siempre presente al lector, una persona joven o adulta con intereses variados.

PRIMERA PARTE
Comprensión lectora

1. ¿Qué sabes de la cantante Shakira? Solo cinco de estas diez frases son correctas, señálalas.
   a. Es una cantante colombiana.
   b. Se dedica a la música desde muy joven.
   c. Grabó su primer disco a los 15 años.
   d. Canta siempre en inglés.
   e. Ella escribe sus propias canciones.
   f. Era la mejor del coro de la escuela.
   g. Su primer disco fue un gran éxito.
   h. Nunca ha ganado un concurso.
   i. Sus amigos decían que cuando cantaba parecía una cabra.
   j. Ha trabajado en telenovelas.

Ahora lee su historia y comprueba si has acertado.

http://www.shakiramania.net/biografia y Wikipedia. *(Texto adaptado)*

Shakira nació en Barranquilla (Colombia) en 1977. Empezó a escribir y componer canciones a los ocho años pero no consiguió entrar en el coro de la escuela porque decían que su voz era "demasiado fuerte". Según sus amigos sonaba como la de una cabra.

Poco después ganó varios concursos infantiles y se convirtió en una niña muy conocida en su ciudad. La productora Mónica Ariza se interesó por ella y durante un vuelo de Barranquilla a la capital de Colombia (Bogotá) aprovechó que estaba sentada al lado de un ejecutivo de Sony y le habló de la cantante. El ejecutivo, que se llamaba Ciro Vargas, consiguió que entregara una cinta con sus canciones a los productores de la compañía, pero a ellos no les gustó su forma de cantar y pensaron que no sería posible que grabara un disco.

Ciro Vargas, sin embargo, estaba convencido del talento de Shakira y volvió a intentarlo. Engañó a los productores invitándolos a ir a un bar y sobre la media noche les dijo que tenía una sorpresa. Entonces apareció Shakira y cantó tres canciones. Su actuación fue un éxito y la contrataron para grabar tres discos.

El primero salió cuando ella tenía 13 años pero fue un fracaso comercial: vendió menos de mil copias. Lo mismo ocurrió con el segundo. Entonces Shakira decidió dejar temporalmente la música y continuar con sus estudios.

Poco después actuó en una telenovela colombiana y cuando grabó su tercer disco consiguió por fin el éxito, convirtiéndose en una figura importante del pop hispanoamericano. Vendió más de cuatro millones de copias y entonces volvió a sacar su primer disco, con el que también tuvo grandes ventas.

2. **Teniendo en cuenta lo que sabes ahora de Shakira, completa las siguientes frases con el nexo adecuado: *y, pero, porque, sin embargo*.**

Shakira cantaba .... (1) componía canciones desde pequeña, ... (2) nunca consiguió entrar en el coro de su escuela.

Mónica Ariza .... (3) Ciro Vargas la apoyaron .... (4) confiaban en su talento.

Shakira ganó varios concursos infantiles .... (5) fue muy popular en su ciudad, ... (6) no triunfó con sus primeros discos.

A los productores de Sony no les gustó la cinta de Shakira, ... (7) después de oírla cantar decidieron contratarla.

La segunda vez que salió su primer disco vendió más de un millón de copias .... (8) ya era una cantante famosa.

EL PARAGUAS BLANCO

3. Completa estos textos con las palabras de la lista y sabrás más cosas sobre Sorolla y sus cuadros.

a. • estudiar • hijos • pintor • fuera • después • nacionales • cuadros •
• diferentes • rápidamente • salud

JOAQUÍN SOROLLA

VALENCIA, 1863 – CERCEDILLA (MADRID), 1923

El **1.** español se formó en Valencia y también estudiando las obras del Museo del Prado de Madrid. En 1884 consiguió una beca para **2.** en Roma durante 5 años.

En 1888 se casó con Clotilde García del Castillo, con la que tuvo tres **3.** .

A partir de 1890 vivió en Madrid y participó en muchas exposiciones **4.** e internacionales.

En 1894 viajó a París y conoció la pintura impresionista, que provocó una auténtica revolución en su estilo: empezó a pintar al aire libre, reflejando en sus **5.** la luz y el color del Mediterráneo.

Su estilo agradable y fácil hizo que fuera **6.** conocido y que le hicieran numerosos encargos, razón por la que no tuvo nunca problemas económicos.

Sus obras consiguieron bastante éxito dentro y **7.** de España, especialmente en París y en Nueva York, donde realizó varias exposiciones. De 1910 a 1920 pintó una serie de murales con temas de **8.** regiones españolas para decorar la biblioteca de la Hispanic Society of America. Para hacer este trabajo Sorolla viajó incansablemente por toda España y eso fue afectando a su **9.** . En 1920 enfermó y no pudo volver a pintar. Murió tres años **10.** .

b. este cuadro • año • su (3 veces) • sus obras • del pintor • Sorolla

1909 fue un buen 11.   para Sorolla: sus exposiciones en Estados Unidos tenían mucho éxito y eso le ayudó a pintar con alegría y satisfacción. 12.   reflejaban la vida, el color, la luz y el movimiento. Es el caso de 13.   , en el que aparecen dos mujeres paseando por la playa al atardecer. La que lleva el sombrero es 14.   hija mayor y la que lleva la sombrilla es 15.   mujer.

Paseo a orillas del mar es quizá la obra más conocida de 16.   . Está en el estudio 17.   en Madrid, estudio que se convirtió en 18.   Museo en 1932.

4. Lee estas dos noticias que aparecieron en el periódico y señala las informaciones que son falsas respecto a la lista que acabas de leer.

1.

NOTICIAS	Sucesos

DOS JÓVENES IMPIDEN EL ROBO DE UN CUADRO DE SOROLLA

Esta tarde se ha producido un intento de robo en el museo en el que se expone la obra de Sorolla.

Un hombre de unos 50 años intentó robar uno de los cuadros de la exposición, el cuadro en el que aparece un paraguas blanco.

Unos jóvenes de 16 años que estaban allí vieron todo lo ocurrido, discutieron con el hombre e incluso pelearon con él y le quitaron el cuadro de las manos.

Pocos minutos después llegó la policía, que detuvo al hombre y felicitó a los jóvenes por su trabajo.

El director del Museo está también en prisión por colaborar con los ladrones, que eran amigos de su mujer. ∎

EL PARAGUAS BLANCO

Errores:

a. No quería robar un cuadro sino una colección de sellos.

b. ....

c. ....

d. ....

e. ....

2.

ACTUALIDAD

DOS ESTUDIANTES UNIVERSITARIOS AYUDAN A LA POLICÍA

La policía ha detenido esta mañana a una banda que intentaba robar unos sellos de gran valor de la exposición de Sorolla.

Cuando estaban dentro del museo, unos estudiantes universitarios han explicado a la policía que el ladrón intentaba sacar los sellos dentro de un paraguas verde que llevaba.

A la salida del edificio, ya en la calle, la policía ha detenido al hombre, que era un conocido ladrón que siempre trabaja solo. No hay más detenidos. Los jóvenes han recibido la felicitación de las autoridades de la ciudad.

Errores:

a. ....

b. ....

c. ....

d. ....

e. ....

5. Ahora imagina que eres periodista y escribe tú la noticia correcta.

EL PARAGUAS BLANCO

SOLUCIONES

Antes de empezar a leer

1. A. 1. H, 2. A, 3. G, 4. B, 5. D, 6. F, 7. E, 8. C.

B. 1. nervioso, 2. aburrido, 3. contento, 4. cansado, 5. preocupado, 6. triste, 7. enfadado.

C. 1-d, 2-a, 3-f, 4-g, 5-b, 6-c, 7-e, 8-i, 9-h.

2. A. 1.V, 2. F, 3. V, 4. V, 5. F.

B. 1. ciudad, 2. personas, 3. primera, 4. años, 5. lugar, 6. muy, 7. valencianos, 8. río.

C. 1. Los romanos.

2. 797 654.

3. Madrid y Barcelona.

4. Sí. "Castellano" es el nombre que la Constitución española da al idioma que se habla en todo el país, aunque cuando nos referimos a la enseñanza a alumnos extranjeros siempre se utiliza la denominación "Español para extranjeros".

El español se habla, además, en Guinea Ecuatorial, el Sahara, América Central y del Sur, excepto en Brasil y las Guayanas, y en parte de los Estados Unidos y Filipinas. Es la cuarta lengua en el mundo en lo que se refiere a número de hablantes: cerca de 500 millones.

Párate un momento

1. 1. F, 2. V, 3. F, 4. V, 5. V, 6. V, 7. F, 8. V, 9. F, 10. V.

2.

Martes

3. Respuesta libre.

EXPLOTACIÓN DIDÁCTICA
Después de leer

1. Son verdaderas las frases a, b, c, i, j.
2. (1) y, (2) pero / sin embargo. (3) y, (4) porque, (5) y. (6) pero / sin embargo, (7) pero / sin embargo, (8) porque.
3. 1. pintor, 2. estudiar, 3. hijos, 4. nacionales, 5. cuadros, 6. rápidamente, 7. fuera, 8. diferentes, 9. salud, 10. después. 11. año, 12. sus obras, 13. este cuadro, 14. su, 15. su, 16. Sorolla, 17. del pintor, 18. su.
4. 1. b. No tienen 16 años sino 14; c. No discuten ni pelean con el hombre, lo detiene la policía; d. El director no está en prisión; e. Los ladrones no eran amigos de la mujer.

   2. a. No son estudiantes universitarios; b. El paraguas no es verde sino blanco; c. Era un coleccionista, no un ladrón; d. Sí hay más detenidos.
5. Respuesta libre.

LECTURAS GRADUADAS

E-I Amnesia
José L. Ocasar Ariza
ISBN: 978-84-89756-72-4

E-I La peña
José Carlos Ortega Moreno
ISBN: 978-84-95986-05-4

E-I Historia de una distancia
Pablo Daniel González-Cremona
ISBN: 978-84-89756-38-0

E-I Carnaval
Ramón Fernández Numen
ISBN: 978-84-95986-91-7

E-II Paisaje de otoño
Ana M.ª Carretero Giménez
ISBN: 978-84-89756-74-8

E-II El ascensor
Ana Isabel Blanco Picado
ISBN: 978-84-89756-24-3

E-II Manuela
Eva García y Flavia Puppo
ISBN: 978-84-95986-64-1

E-II El paraguas blanco
Pilar Díaz Ballesteros
ISBN: 978-84-9848-126-6

E-II El secreto de Diana
Luisa Rodríguez Sordo
ISBN: 978-84-9848-128-0

I-I Muerte entre muñecos
Julio Ruiz Melero
ISBN: 978-84-89756-70-0

I-I Azahar
Jorge Gironés Morcillo
ISBN: 978-84-89756-39-7

I-II Memorias de septiembre
Susana Grande Aguado
ISBN: 978-84-89756-73-1

I-II La biblioteca
Isabel Marijuán Adrián
ISBN: 978-84-89756-23-6

I-II Llegó tarde a la cita
Víctor Benítez Canfranc
ISBN: 978-84-95986-07-8

I-II Destino Bogotá
Jan Peter Nauta
ISBN: 978-84-95986-89-4

I-II En agosto del 77 nacías tú
Pedro García García
ISBN: 978-84-95986-65-8

I-II Las aventuras de Tron
Francisco Casquero Pérez
ISBN: 978-84-95986-87-0

S-I Los labios de Bárbara
David Carrión Sánchez
ISBN: 978-84-85789-91-7

S-I La cucaracha
Raquel Romero Guillemas
ISBN: 978-84-89756-40-3

S-I A los muertos no les gusta la fotografía
Manuel Rebollar Barro
ISBN: 978-84-95986-88-7

S-I El encuentro
Iñaki Tarrés Chamorro
ISBN: 978-84-89756-25-0

S-II Una música tan triste
José L. Ocasar Ariza
ISBN: 978-84-89756-88-5

S-II La última novela
Abel A. Murcia Soriano
ISBN: 978-84-95986-66-5

HISTORIAS DE HISPANOAMÉRICA

E-I Presente perpetuo
Gerardo Beltrán
ISBN: 978-84-9848-035-1

E-II Regreso a las raíces
Luz Janeth Ospina
ISBN: 978-84-95986-93-1

E-II Con amor y con palabras
Pedro Rodríguez Valladares
ISBN: 978-84-95986-95-5

I-I El cuento de mi vida
Beatriz Blanco
ISBN: 978-84-9848-124-2

I-I Volver
Raquel Horche Lahera
ISBN: 978-84-9848-125-9

I-I El camino de la vida
Germán Santos Cordero
ISBN: 978-84-9848-096-2

HISTORIAS PARA LEER Y ESCUCHAR (INCLUYE CD)

E-I Carnaval
Ramón Fernández Numen
ISBN: 978-84-95986-92-4

E-I Presente perpetuo
Gerardo Beltrán
ISBN: 978-84-9848-036-8

E-II Manuela
Eva García y Flavia Puppo
ISBN: 978-84-95986-58-0

E-II El paraguas blanco
Pilar Díaz Ballesteros
ISBN: 978-84-9848-127-3

E-II Con amor y con palabras
Pedro Rodríguez Valladares
ISBN: 978-84-95986-96-2

E-II Regreso a las raíces
Luz Janeth Ospina
ISBN: 978-84-95986-94-8

I-I Volver
Raquel Horche Lahera
ISBN: 978-84-9848-140-2

I-II En agosto del 77 nacías tú
Pedro García García
ISBN: 978-84-95986-59-7

S-II La última novela
Abel A. Murcia Soriano
ISBN: 978-84-95986-60-3

S-I A los muertos no les gusta la fotografía
Manuel Rebollar
ISBN: 978-84-95986-90-0

Niveles:

| E-I ➔ Elemental I | E-II ➔ Elemental II | I-I ➔ Intermedio I | I-II ➔ Intermedio II | S-I ➔ Superior I | S-II ➔ Superior II |